COCINAR RICO NO TE HARÁ RICO

CLAVES PARA EL MONTAJE EXITOSO
DE TU RESTAURANTE Y PRODUCTO
GASTRONÓMICO.

Edición 2023

JUAN ERNESTO GIL

ESTE LIBRO HA SIDO ESCRITO POR:

JUAN ERNESTO GIL RINCÓN

*COCINERO PROFESIONAL EGRESADO DEL
INSTITUTO CULINARIO DE CARACAS (ICC), VENEZUELA.
*TÉCNICO EN INFORMÁTICA.

*EMPRENDEDOR SERIAL.
*DIPLOMATURA EN GERENCIA ESTRATÉGICA Y MARKETING
DIGITAL.
*2DO LUGAR EN STARTUP WEEKEND CHILE 2013.
*SCRUM MASTER – Gestión Ágil de proyectos.
*CO-FUNDADOR @cronicasgourmet
*CO-FUNDADOR @flavoo.club
*EMPRESARIO GASTRONÓMICO.
*DESARROLLADOR DE MODELOS DE NEGOCIOS DIGITALES
Y GASTRONÓMICOS.
*CONSULTOR GASTRONÓMICO.

Tengo dos pasiones en mi vida, la gastronomía y la
informática, he podido hacer que coincidan en mi vida diaria,
he trabajado en soporte técnico, he sido instructor de cocina
profesional, he franquiciado cadena de comida rápida, he
sido community manager pero sobre todas las cosas he sido
y soy feliz con lo hago.

Escanea el código QR para más información.

INDICE

INTRODUCCIÓN

Llevo un poco más de diez años en el mundo de la gastronomía, he estado en ambos lados de la historia siendo empleado y empleador, estudié para ser cocinero profesional, hice pasantías en un restaurante con 3 estrellas 'Michelin' y he regentado mi propio negocio de 'comida rápida' y cada día que pasa soy más consciente de lo poco que sé, y lo mucho que hay por aprender.

Soy un inconforme y en muchos casos no estoy de acuerdo con la manera como **_NO_** se nos enseña a emprender, sino que se nos forma en una especialidad y se nos entrena para encontrar un empleo que dure toda la vida. En muchas ocasiones los padres hacen un gran esfuerzo para pagar la universidad de sus hijos, y tristemente llegan a su primer trabajo y se dan cuenta de que lo que aprendieron poco les servirá para defenderse. Peor aún, queda constancia de que, con el conocimiento y la experiencia que tienen, difícilmente los contratarán por primera vez.

Este libro nació de mi afán de compartir lo aprendido con el pasar del tiempo, de cientos de consultas que me han hechos mis familiares, mis amigos y los conocidos por la comunidad en internet que creé en el año 2009 cuando iniciaron las primeras muestras de las redes sociales, pero debo sincerarme y la gota que derramó el vaso fue cuando vi en algunos amigos dueños de restaurantes y en mi persona un agotamiento mental y nos quejábamos del personal, de los proveedores, del día a día de la operatividad de los negocios.

Me di cuenta que **COCINAR RICO NO TE HARÁ RICO** a menos que desarrolles un modelo de negocios y que no sea un 'auto empleo'.

Te adelanto que habrá algunos conceptos que no serán fáciles de ingerir, para ello debes leer este libro con la mente abierta y con muchas ganas de aprender, y de investigar.

Cada capítulo está lleno de mis experiencias, de experiencias de amigos que me ha dado el mundo gastronómico y sobre todo de lo que yo llamo 'enseñanzas'. (Otros los llaman - fracasos-)

Mis fracasos me han enseñado de ventas, de procesos y asuntos legales, de marketing, de liderar equipos, de contabilidad entre otros, pero sobre todo a crear, a desarrollar modelos de negocios rentable, repetible y escalable.

Con este libro obtendrás las herramientas necesarias para emprender en la disciplina gastronómica, si quieres montar un restaurante, si ya tienes uno y quieres renovarlo, si tienes un producto para el sector HORECA (Hoteles-Restaurantes-Catering) y quieres comercializar, entonces ¡éste libro es para ti!

Este libro nace para cubrir un vacío en cuanto a consultoría en el sector de la restauración y de A&B (alimentos y bebidas) y su misión es ayudarte a llevar tu emprendimiento al siguiente nivel. Partiendo de la premisa de que cocinas rico, de que tienes una idea, con este libro sabrás, en **¿Dónde estás?**, **¿A dónde quieres llegar?** y **¿Cómo escalar?** con tu emprendimiento.

¿Comenzamos?

¿POR QUÉ FRACASAN LOS NEGOCIOS GASTRONÓMICOS?

Tengo que iniciar comentando que no hay negocio 'malo' en gastronomía, lo que hay son malos gerentes.

Parto de la premisa de que toda población, todo mercado potencial se alimenta, todos 'gastamos' en alimentos. Si bien todos tenemos gustos diferentes, culturas diferentes, condiciones de salud diferentes, todo ser humano debe alimentarse.

Cuenta la leyenda que el término "RESTAURANTE" es de origen francés, y fue utilizado por primera vez en París, al designar con este nombre un establecimiento fundado alrededor de 1765, en el que se servían bebidas y comidas pero como algo distinto a las posadas, tabernas y casas de comida. Su éxito fue inmediato y numerosos restaurantes fueron abiertos. Eran atendidos por camareros y mayordomos que habían abandonado sus 'empleos'. Después de la revolución francesa en 1789, la aristocracia arruinada, no pudo mantener su numerosa servidumbre, y muchos sirvientes desocupados fundaron o se incorporaron a éste nuevo tipo de casa de comidas que surgía en gran número. Esto quiere decir que los negocios gastronómicos han sido rentables por siglos lo que me lleva a la conclusión que comenté líneas arriba, lo que hay son 'malos gerentes'.

Pero no quiero ser malo y culparlos al cien por cien y hay que aclarar que también los tiempos han cambiado, que la manera como nos alimentamos cambia constantemente y que la competencia es feróz.

En un estudio llamado **Why restaurants fail?** Realizado por H. G. PARSA, JOHN T. SELF, DAVID NJITE, and TIFFANY KING ;publicado en el año 2005 por la **Cornell University** se analizó la evolución acumulativa durante tres años de una serie de 2.439* restaurantes de distintas tipologías. En este seguimiento se estudiaron aspectos cuantitativos y cualitativos, que se agruparon en las siguientes perspectivas **Económica, Marketing y de Gestión.**

*Nada más y nada menos que dos mil restaurantes, estoy seguro que en mis 30 años de vida no he comido en más de 100 restaurantes distintos, y ¿tú?

Las conclusiones del estudio arrojaron tres datos interesantes, el primero es que el 15% *es la primera experiencia empresarial del emprendedor*, un 25% *el emprendedor no tiene ni idea del mundo gastronómico* y con un 65% el emprendedor no hizo un plan de negocio.

En las universidades no nos enseñan a emprender. Si es tu primera experiencia empresarial te aconsejo que intentes trabajar una temporada en algún restaurante, cafetería o afín, esto te dará una visión del negocio desde la perspectiva de un trabajador.

Si no tienes ni idea del mundo gastronómico, si ni siquiera te gusta cocinar, no todo está perdido, existen infinitos cursos 'prácticos' en cocina que puedes hacer, busca un curso que de verdad te llame la atención, no lo hagas sólo por hacerlo, es mejor hacer un curso 'monotemático' por ejemplo; de panadería, de Barismo (el que prepara el café), de pastelería, de sushi, de comida vegana, entre otras.

¿No sabes qué es un plan de negocio?, que no te de vergüenza, en las universidades te forman para encontrar un trabajo y vivir de él, es por ello que con este libro te ayudaré a crear ese 'plan de negocio', a encontrar el modelo de negocio gastronómico que te conviene

Con la idea de disminuir la probabilidad de tu fracaso a lo largo del libro hablaré de claves fundamentales que te ayudarán a darte cuenta de si estás cometiendo errores o si vas a cometerlos y cómo evitarlos.

He estructurado el libro bajo la experiencia que me ha dado impartir cursos a más de 1100 alumnos y asesorías en tres (3) países distintos.

Si bien puedes ir saltando de clave en clave te aconsejo que lo leas en el orden que lo he escrito, estoy seguro que así seas un erudito en marketing o en estructura de costos la información te servirá para refrescar conceptos.

Para empezar, buscaremos tu **cliente ideal** 👪, aprenderás a realizar un estudio de mercado por tu cuenta, luego tendrás que definir el **concepto gastronómico** 🍽, entender los distintos **canales** para llegarle a ese cliente, **escalar tu negocio** 📈 **y estructurar la línea de productos.**

No puedes dejar a un lado el **mercadear** tu producto, **enamorar** 😌 a ese cliente para fidelizarlo y visualizar las **tendencias** que te generarán caja chica 💰.

Hasta ahora estaríamos hablando de la parte superior del 'iceberg' ▲ que es lo que tus clientes ven, el libro lo he estructurado en dos (2) partes, con la intención de trabajar en tu modelo de negocio de una manera fácil y práctica.

Para la 2da parte del libro hablaremos de las **inversiones claves** 💰 que debes hacer, sin olvidar que **estandarizar procesos** ↻ hace al maestro, aprenderás a minimizar el principal error que comentemos los emprendedores, **ponerle precio de venta a tu producto o servicio** y sobre todo, saber si estás siendo rentable.

Lado

A

"Una receta no tiene alma, es el cocinero quien debe darle alma a la receta"

Thomas Keller

¿A QUIÉN LE VENDO?

En muchos casos la persona que busca iniciar un negocio piensa que lo que vale es la idea que tiene en su cabeza, que si a él le gusta la comida italiana entonces a los posibles clientes les gustará también. Nada más cierto que los clientes constituyen el corazón de un negocio, sin clientes ninguna compañía podría sobrevivir durante mucho tiempo.

Es por ello que lo primero que debemos hacer es un análisis del mercado, con el fin de satisfacer a estos clientes, el emprendedor puede agruparlos en distintos segmentos dependiendo de las necesidades en común, comportamientos comunes, y otros atributos.

Como no todos somos expertos analizando el mercado y las agencias tienen tarifas para NO emprendedores, te comentaré el método que utilizo al momento de asesorar a mis clientes.

Puedes iniciar la investigación haciendo un estudio geográfico, demográfico y psicográfico.

Una de las formas más rápidas de hacer un estudio de mercado es 'espiando' a la que consideras

13

competencia, debes hacerte las siguientes preguntas.

¿Por qué van las personas a ese sitio?

¿Cuántas personas van al día, al mes, horas puntas?

Importante para tu modelo de negocio es saber a ciencia cierta, quién es tu cliente, su comportamiento, que le gusta, que consume, etc. Así podrás atacar nichos de mercado que de verdad están en las tendencias. (Hablaremos de esta clave más adelante).

La mejor forma de entender el mercado es apuntar a uno y es lo que llaman 'segmentación'.

La clave para fijarse el objetivo de conquistarlo, por ejemplo, tenemos a los mercados masivos que es cuando se tiene un producto tipo alimentos & bebidas. (Dulces, embutidos, yogur, salsas, quesos).

Los *nichos de mercado* que es cuando por ejemplo se quiere ofrecer un producto o servicio a personas que son adeptos del mundo 'fitness' que

14

hoy en día es una *moda y se está posicionando como una **tendencia.

*la moda es uso, modo o costumbre que, a diferencia de la tendencia, está en vigor durante un corto tiempo, o en determinado país.
**la tendencia es un término global con una duración de popularidad mucho más larga, aunque sí llega a caducar.

Segmentos específicos: Cuando ofrezco producto o servicios como por ejemplo sólo para 'desayunos'.

Segmentos diversificados: Cuando ofrezco una gama amplia de productos y servicios.
(Panadería, Supermercado, Bodegón).

En el caso de que estés en el nivel cero (0) de tu emprendimiento, que debes ir de la idea al concepto te aconsejo que tomes un tiempo para analizar qué segmentación de mercado quieres abordar, hagamos un ejemplo:

Tenemos a Sebastián, tiene la habilidad para cocinar rico, se etiqueta como vegano, en la ciudad donde viven hay restaurantes veganos pero no siempre le gustan, se da cuenta que sus amigos le pasa lo mismo y su pareja lo convence de que monte un restaurante para veganos, Sebastián muy inteligentemente empieza a estudiar a la que ahora sería su competencia directa, se organiza con lo poco que sabe usar los programas de ofimática con una hoja de excel, donde hace una lista de los restaurantes veganos que hay en la ciudad, los que recuerda, investiga en internet con los buscadores como *google* y los distintas aplicaciones de recomendaciones gastronómicas.

Una forma de estudiar el mercado es ir en distintas horas a la zona que quieres colocar el restaurante, hacer un consumo de algún producto en alguno de los locales de la zona, con el ticket de compra en la mano anotarás el número de factura que indica el papel, por ejemplo el - orden #1290 -; Luego el mismo día en la tarde vuelves al mismo local y haces un nuevo consumo, es hora de comparar el número de ordenes en ambos tickets consumo #1 – orden #1290- y consumo #2 –orden #1320- si restamos ambos números nos da una diferencia de 30 (treinta) ordenes o transacciones que se hicieron en esas horas, podemos entender que representan las ventas que ese local obtuvo y podemos ver que tan movida es la zona donde quieres 'montar' tu negocio.

Un estudio de mercado de la forma como lo he descrito anteriormente puede ayudar a 'Sebastián' con interrogantes como ¿Cuánto está dispuesto a pagar el cliente por el plato?, ¿Qué horario punta tiene la zona?, Si ya ha investigado en cuanto rondan   los arriendos y alquileres de la zona puedes hacer proyecciones de ventas, gastos e inversión.

Aprovecho y adelantaré un dato *'El arriendo del local no debería representar más del 10% al 12% de tus ventas'*, como, por ejemplo, Si el arriendo es de $1000/mes tus ventas deberían representar al menos unos $10mil/mes.
No es una formula exacta, pero te permite 'encender' las alarmas y desarrollar las proyecciones pertinentes a la hora de hacer el estudio de mercado.

En el caso de que ya tengas un emprendimiento funcionando y te encuentras en una situación donde tienes bajas ventas, a los clientes les parece 'caro' tu producto o servicio, entonces estás dirigiéndote a una segmentación equivocada, vuelve a analizar el mercado, vuelve a enfocar las estrategias para así poder llegarle al segmento correcto y poder rentabilizar tu negocio.

DE LA IDEA AL CONCEPTO

La **'Oferta Gastronómica'** define el conjunto de productos y servicios que crean valor para un segmento de clientes específico.

La propuesta de valor es la razón por la que los clientes regresan a un restaurante una y otra vez o compran una galleta y no otra. Ésta, resuelve un problema o satisface una necesidad del cliente.

El valor que le des al cliente puede ser cuantitativo (precio, rapidez del servicio) o cualitativo (diseño, experiencia del cliente)
Partiendo de la premisa de que ya tienes segmentado a tu público objetivo deber definir tres variables: *Idea, Concepto y Diferenciación.*

Idea = quiero vender helado.
Concepto = heladería.
Diferenciación = helado para veganos.

Idea = quiero vender los tomates secos con la receta que preparaba mi abuela.
Concepto = producto de consumo masivo a&b
Diferenciación = receta con más de 100 años de tradición, sin conservantes, materia prima local.

Te invito a desarrollar un ejercicio para encontrar esa propuesta, te facilito los siguientes elementos que pueden contribuir a la creación de valor.

1) *Novedad:* Satisface completamente un nuevo conjunto de necesidades que los clientes no habían recibido previamente porque no había ofertas similares.

Soy de los que piensan que **todo está inventado**, pero siempre queda un mercado inexplorado o al menos no ha sido tocado por modelos de negocios que están funcionando en otros países.

2) *Desempeño:* El mejoramiento del desempeño de un producto o servicio ha sido una forma común de crear valor.

Ofreciendo rapidez en la entrega, ¿Te acuerdas de la campaña de Domino´s Pizza? En 30 minutos o menos, ellos se diferenciaron del resto con esa premisa.

3) *Personalización:* La adaptación de productos y servicios a necesidades específicas de clientes individuales o de segmentos de clientes crea valor.

Suena repetitivo, pero la tendencia es la antesala a la moda, la generación de relevo ha cambiado y cambiará sus hábitos de consumo, es el deber del restaurador adaptarse, investiga, aprende a leer a las generaciones de relevo.

4) *Diseño:* El diseño es un elemento importante pero difícil de medir. Un producto puede destacarse por su diseño superior, en gastronomía podríamos hablar de la alta cocina, pero también de productos de consumo con diseños que rompan esquemas, si te enfocas en este elemento diferenciador asegúrate bien de tener definido al 100% tu cliente objetivo.

5) *Precio:* Ofrecer valor similar a un precio más bajo es una forma común de satisfacer las necesidades de un segmento de clientes sensible al precio.

Muchos emprendedores se equivocan al competir en precio, normalmente observan a lo que consideran competencia y ofrecen el mismo producto a precio menor, es un error, si vas a competir por precio debes agregarle valor a tu producto, a la experiencia que ofreces, te doy un ejemplo:

Si tienes una pizzería, quieres competir por precio, podrías ofrecer al mismo precio que tu competidor una pizza más grande, o incluir por el mismo precio una bebida familiar, esto le agrega valor a tu oferta gastronómica y los precios en el mercado se mantienen estables, porque, al bajar el precio estás haciendo un desajuste en la estructura de costos de todos, y muchas veces la jugada a las semanas o meses te entrega resultados negativos.

La competencia por precio debe ser por tiempo limitado, *si pasa mucho tiempo, tu c liente te verá como barato.*

En la gastronomía, no puedes pretender tener una carta con mucha variedad de platos y con clientes de todas las edades y gustos, a esto se le llama *NO tener un concepto de negocio.*

Basta ya de los restaurantes que tienen una carta con más de 100 platillos, sabemos que apenas saldrá el 15% o 20% de esa carta, ¿qué ocurre entonces con los otros 80 platillos listados?

Un ejemplo de índole no gastronómico es que hace unos 25 años los canales de TV eran de los que en su parrilla de programas tenían para todos los gustos, en la mañana noticias y "variedades de moda"; al medio día noticias; por la tarde dependiendo de tu país "novelas" "series".

Hoy en día siguen existiendo y no dejarán de existir este tipo de canales, pero la mayoría son monotemáticos, 100% deportes; 100% series, etc.

Sucede igual con la gastronomía, la tendencia es a tener ofertas monotemáticas, donde el local con la mejor tarta de fresas es la 'pastelería' y no el local donde 'se consigue de todo'; ¡Cuidado! No estoy diciendo que es malo montar un local de conveniencia, sabemos que puede ser súper rentable, pero considero que si vas a emprender lo primero que tienes que hacer es definir el concepto gastronómico y luego ir escalando.

Tienes que ser empático con el entorno, tomar en cuenta aspectos como cultura, religión, política, comportamiento del ciudadano.

¿y cómo definir el concepto?

Tradicionalmente es por medio de una habilidad adquirida.

Si tienes habilidad para cocinar cierto plato, si eres pastelero, panadero, recomiendo emprender en lo que más te apasiona, si eres el 'rey del arroz a la paella' entonces inicia un catering estilo 'CHEF EN CASA' ofreciendo el verdadero sabor del plato español.

Son muchos los aspectos a tomar en cuenta a la hora de definir el concepto, estoy seguro que si lees bien el mercado, analizas las necesidades del publico objetivo y expones tus habilidades lo lograrás.

Te invito a listar tus habilidades, listas las comidas o preparaciones que te gustan, haciendo *'focus group' con amigos, familiares y conocidos podrás definir tu diferenciación.

*Focus Group es un método de investigación cualitativa que reúne participantes de una entrevista, en la cual se exponen opiniones sobre productos

CANALES Y ESCALABILIDAD

Ésta clave describe cómo una empresa se comunica con el cliente y alcanza su segmento para entregar una propuesta de valor. La comunicación, distribución, y los canales de ventas abarcan el sistema de comunicación de la compañía con el cliente.

Un negocio escalable es aquel que evoluciona, crece y se expande. Cuanta mayor sea la diferencia entre facturación y coste, mejor perspectiva de crecimiento tendrá.

Hacer un negocio escalable de un restaurante no es complicado: Muchos creen necesitamos hacer réplicas del establecimiento, servir la comida igual, tener un buen equipo de recursos humanos… esto no es 'escalabilidad' esto es una simple réplica del modelo de negocio, Un buen ejemplo de un negocio de comida rápida muy escalable es McDonald's
(Aunque no seamos fans de su producto, debemos ver este ejemplo desde el punto de vista "empresarial") la empresa en el mismo centro comercial tiene dos (2) establecimientos, en el principal ofrecen 'todos' sus productos y en el secundario o alternativo 'sólo' ofrecen helados.

Dos modelos de negocios que parten de un mismo producto o concepto, al final, pueden trabajar por separado, lo que hizo McDonald's fue ampliar su eje 'vertical' (te hablaré más adelante en profundidad de este tema)

A la hora de escalabilidad de un producto gastronómico el ejemplo más directo sería *ampliar la línea* de un mismo producto, eso hace que te abras a más nichos de mercado, como por ejemplo una fábrica de yogourt hacen varios productos con una misma base, cada producto tiene un 'público objetivo' en particular, ofrece un yogourt de tamaño familiar, uno de tamaño individual con sabores de frutas, etc, está ampliando la segmentación o nicho de mercado a través del producto.

En los años 70´s desarrollaron una herramienta de análisis que al día de hoy se sigue usando, se denomina Matriz Boston Consulting Group (BCG), donde el eje vertical se define el crecimiento del mercado y en el horizontal la cuota del mercado.

La escalabilidad en los modelos de negocios gastronómicos se traduce en cómo crecer con el concepto que definiste sin perder calidad, poder reaccionar ante la competencia y adaptarse a situaciones de cambios.

Como mencioné anteriormente, no se trata de abrir 'otro' local de la cafetería, te daré un ejemplo que está a la vista de todos; La cafetería STARBUCKS empezó como toda empresa 'mortal' vendiendo café en un solo local, se fueron expandiendo, creciendo hasta tener miles de locales a nivel mundial, pero la verdadera escalabilidad vino cuando empezaron a vender en anaqueles de sus cafeterías y de supermercados el café empaquetado para uso en el 'hogar', agregaron a su línea de productos los siropes y pare usted de contar los distintos productos que ofrecen fuera de sus locales.

Eso es escalar con su modelo de negocios principal agregando nuevas líneas de productos.

Podría darte una docena de ejemplos de empresas que se han escalado tanto vertical como horizontalmente pero considero que es mejor darte las herramientas para iniciar el proceso de que tu mente empiece a visualizar el futuro de tu modelo de negocio, dicen que los empresarios Japoneses cuando forman una empresa o compañía su visión es a 100 años.

¿Cómo encontrar la vía a la escalabilidad con tu modelo de negocio?

Me haría las siguientes preguntas:

* ¿Tus clientes bajan pero las ventas de un producto en específico se mantienen?
- Lo más seguro es que sea el producto por el que te conocen.

* ¿Cómo puedes reducir considerablemente los costos de producción?
- Podrías comprar una maquinaria que necesitas para mejorar procesos y al final se convierte en una extensión de tu modelo de negocios.

* ¿Cómo puedes asegurar la continuidad del suministros y calidad de materia prima?
- Alianzas con competidores, con distribuidores, lo primordial es garantizar la materia prima.

* ¿Qué otros canales de distribución o alcance puede darte el mercado?
- Podrías crecer en locaciones con una subdivisión de productos.

Hazte este tipo de preguntas, analiza tu modelo de negocio.

Al final con analizar tu modelo de negocio, analizar tu estructura de trabajo, tu estructura de costos, podrás responder a esas interrogantes.

Nota: Esta búsqueda es constante, nunca para, es la diferencia entre 'emprendedor' y 'empresario'.

Se afirma que mientras que el empresario es aquel que intenta hacer -y hace- negocios con el objetivo casi exclusivo de obtener un retorno económico por su actividad, el emprendedor no sólo busca el premio económico, sino que, en un sentido más amplio, "busca satisfacer desafíos personales y/o sociales".

Para mi un emprendedor se es toda la vida, y empresario es circunstancial.

Tuve la oportunidad de hacer pasantías en un tres (3) *Estrellas Michelin, y lo primero que me impresionó es que tenía un laboratorio de innovación y es cuando me di cuenta que todas las empresas (restaurantes) si no quieren quedarse atrás deben tener un departamento que se encargue de analizar mercados, procesos, tendencias y encontrar soluciones o mejoras.

*Las Estrellas Michelin son una distinción a los restaurantes y hoteles que reconocen la extrema calidad de su comida y servicios.

EL MARKETING EN LA GASTRONOMÍA

Ésta clave describe los distintos tipos de relaciones que una compañía establece para 'atacar' un segmento de clientes específico y están impulsadas por las siguientes motivaciones: Adquisición de clientes, Retención de clientes, Aumentar las ventas.

¿Cómo implementar el marketing en la gastronomía?

Marketing Interno: Formación del personal en servicio, suena obvio pero muchos emprendedores se enfocan en tener el mejor producto y dejan 'la venta' a la deriva, con una continua formación al talento humano como meseros, cajeros, etc podrás enganchar en casi a su totalidad al comensal, debes formar a tu equipo en el tipo maquinaria que utilizan en el restaurante, en los procesos que usan para hacer un platillo en particular, he tenido casos donde el mesero desconocía que un *'carpaccio' era carne cruda.

Conocimiento del producto, carta de platos. (El cliente hoy en día tiene conocimiento, está informado).

*El carpaccio es una preparación de carne cruda, finamente cortada o majada hasta quedar fina, servida principalmente como aperitivo. Fue inventado en 1950 por Giuseppe Cipriani del Harry's Bar de Venecia y se popularizó durante la segunda mitad del siglo XX.

Marketing Externo*:* web, redes sociales, estrategia de impulso de marca (branding) – publicidad -

La revolución tecnológica llegó para quedarse, de eso no hay duda, hace apenas unos 25 años atrás sólo las grandes cadenas de comidas tenían la posibilidad de alcanzar una audiencia con comerciales en la TV y jingles en la radio, se tornó una pelea estilo David contra Goliat gracias a la Internet, la red de redes, podemos nosotros los emprendedores (Los David) estar a la par en cuanto alcance al público objetivo, hoy en día con un presupuesto económico 100% viable para un restaurante podrá alcanzar a cientos y hasta miles de comensales invirtiendo en publicidad en las redes sociales, lo más 'genial' es que ahora todo se puede medir, se puede saber si hay resultados a corto y mediano plazo.

Las redes sociales han abierto un abanico de posibilidades para 'probar' mercado en corto y barato, te contaré una historia de un emprendedor que conocí al cual las herramientas de marketing modernas como whatsapp e instagram lo ayudaron a crear un modelo de negocios gastronómico.

Resulta que Luis era asiduo de comprar aguacates (palta), se dio cuenta que el vendedor no siempre lograba salir de todos los aguacates y se le terminaban dañando al menos un 25%, a Luis se le 'activó' el cerebro de emprendedor y dijo, 'Voy a crear una app que sea un '*marketplace de aguacates' los vendedores estarán felices y el cliente final también estará feliz comiendo aguacates.

*Un marketplace es una plataforma en la que tiendas pueden anunciar sus productos, ofreciéndole un abanico amplio de opciones al cliente, puede ser una plataforma privada o abierta, digital o análoga.

El primer golpe que se dio Luis fue darse cuenta que tener/ desarrollar una app es costoso, no tenía dinero para pagar el desarrollo, tampoco tenía dinero suficiente para comprarle una gran cantidad de aguacates, desistió de la idea y pasaron algunos días hasta que entendió lo que de verdad es 'probar' mercado, el tener un producto mínimo viable, le dijo al vendedor de aguacates que justo cuando se le estén dañando los aguacates y tenga que 'regalarlos' o 'botarlos' le mandara una foto de la cesta a un número de whatsapp y él con esa foto, se lo enviaría a los dueños de restaurantes que conoce y venderle la merma del vendedor de aguacates, al final logró probar el mercado con una herramienta 'gratuita' que ha sido Whatsapp, no tuvo que 'pagar' por el producto ya que él era un puente de conexión con la oferta y la demanda, hoy en día logró reunir capital para mejorar la tecnología con una app y software de logística y tiene una empresa que es rentable y da trabajo a una decena de personas.

Con todo esto quiero decir y afirmar <u>que es el mejor momento</u> para invertir en marketing y en publicidad digital, luego con el tiempo podrás invertir en los medios tradicionales.

A la hora de hacer Marketing para productos debes tener en cuenta estos aspectos:
- Marca.
- Empaque.
- Etiquetado.
- Web y redes sociales.

A la hora de hacer Marketing para restaurantes debes tener en cuenta estos aspectos:
- Menú de platos. *¿En serio?*
- Fachada.

- Mobiliario.
- Web y redes sociales.

Pero ¿Qué es el marketing gastronómico?

Es saber transmitir una idea de manera emocional.
Es sorprender por encima de todo.
Es conocer a tus clientes y ofrecerles eso que estaban buscando.
Es imprimir tus valores, que te conozcan, que crean en tu causa.
Es ser diferente. Ser el mejor en algo y no en todo.

Muchos emprendedores comenten el error de empezar a buscar un nombre para el negocio y no tiene definido el concepto y mucho menos el público objetivo, te daré algunas herramientas de mercadeo, así podrás tener una conversación con un publicista o un mercadólogo y que ambos puedan trabajar en conjunto.

¿Cuál nombre colocarle?

Puedes partir de dos variables principales, nombre descriptivo como, por ejemplo;
El rey de las hamburguesas.
La casa del coctel.
Son nombres 100% descriptivos, los hispanos hablantes tendemos a usar el idioma ingles para

que 'suene' mejor la marca y colocamos nombres como 'The Burger House' y si traducimos literalmente es un nombre descriptivo.

Nombre abstracto, como, por ejemplo;
Arturo´s (vende pollo a la brasa).
Palau (es un restaurante, y puede traducirse como 'Palacio').
Son nombres 100% abstractos y tienen la particularidad de ser muy versátiles y no se encasilla el modelo de negocios.

Puedes tener una unión entre el descriptivo y abstracto y es que yo llamo de tipo 'Concepto' como, por ejemplo;
KFC (Kentucky Fried Chicken).
Dunkin' Donuts.

La versatilidad que da combinar nombres es que puedes quitar coletillas cuando el modelo de negocio va escalando, ¿Sabías que Dunki´n Donuts está quitando la palabra 'Donuts' de sus locales?, la idea es que los clientes vean a Dunkin´ como un lugar donde no sólo comes donas, consigues café y más.

Ahora hablemos un poco de **¿Cuál color usar en el logo de mi marca?**

En cuanto a los colores existe una herramienta que se llama **'la psicología del color'**, es el campo de estudio que está dirigido a analizar el efecto del color en la percepción y la conducta humana.

Desde el punto de vista estrictamente médico, todavía es una ciencia "inmadura" en la corriente principal de la psicología contemporánea, teniendo en cuenta que muchas técnicas adscritas a este campo pueden categorizarse dentro del ámbito de la medicina alternativa.

Sin embargo, en un sentido más amplio, el estudio de la percepción de los colores constituye una consideración habitual en disciplinas como el diseño, la arquitectura, la moda, la señalética, la publicidad y el arte.

¿Sabías que los colores a tu alrededor pueden estar influenciando tus emociones y tu estado mental?

¿Sabías que ciertas tonalidades pueden irritarte o, por el contrario, relajarte y calmarte?

Los colores que te rodean sí tienen un efecto en ti.

¿Y cómo llegamos al corazón del cliente?

A través de los sentidos, básicamente gracias al oído y la vista.

Por eso, cuando entras a una tienda de moda suena música enérgica y puedes apreciar un decorado y un colorido te dice: "compra, compra, compra". Según Color Marketing Group, una compañía especializada en el uso de los colores, casi el 85% de las razones por las que una persona elige un producto sobre otro tiene que con la percepción del color.

La psicología del color también se aplica en el branding. **¿Sabías que el rojo estimula el apetito?** Es así, según indican distintas investigaciones.

Por lo que no es de extrañar que cadenas conocidas de comida rápida como McDonald's, Pizza Hut, KFC y Wendy's empleen este color en sus logotipos e instalaciones.

Bien, si quieres que tu cliente entre al local, pida y se vaya lo más rápido posible para tener así una alta rotación puedes usar el rojo y amarillo, todo lo contrario, si quieres que tu restaurante sea considerado como una 2da casa tendrías que usar tonos verdes y color madera.

Ahora hablemos del NeuroMarketing y cómo implementarlo en un modelo de negocios gastronómicos.

¿Qué es el NEUROMARKETING?

Es la aplicación de las técnicas de la neurociencia al mercadeo, su objetivo es conocer y comprender el cómo y por qué reacciona de tal manera una persona a ciertos estímulos, se analizan procesos de la mente como la percepción visual, auditiva y el tacto.

Éstas técnicas han sido implementadas gracias a la tecnología de inteligencia artificial, lectores infrarrojos, detectores de movimientos, entre otros, y es por ello que me he centrado en el estudio que han realizado científicos y neurólogos como la Dra. Sybil Yang que ha usado un aparato llamado 'Eye Tracking' que podemos traducirlo 'el seguidor del ojo', se trata de un aparato en forma de anteojos que tiene sensores y cámaras infrarrojas, se lo colocan al comensal mientras él vive su experiencia en un restaurante, el aparato está registrando todos los movimientos que hace el ojo, o mejor dicho registra a 'dónde enfoca el ojo del comensal', es cuando se obtienen los 'puntos focales', éstos puntos focales se han implementado en el desarrollo de páginas web, en los recorridos de tiendas y supermercados con la idea de entender como es el comportamiento del cliente desde que entra hasta que sale de la tienda.

Te invito a escanear el código QR o visitar el enlace, podrás ver una demostración en video del 'Eye Tracking'
Canal Youtube @cronicasgourmet

Si bien, los emprendedores no estamos en condiciones de invertir millones de dólares en aparatos como el Eye Tracking, si podemos implementar estrategias de 'neuromarketing' y **¿cómo lo hacemos?**, fácil, en el menú o carta de platos, si, algo tan simple como entender de que si los clientes han entrado en tu restaurante es porque tiene la intención de darte dinero a cambio de que le resuelvas una necesidad, la de alimentarse (también aplica al tener el menú en la página web).

Hemos estado fallando a la hora de 'hacer el menú del restaurante', por años hemos colocado una lista de platos y de productos con un nombre y un precio, al final ha sido eso **'una lista de precios'**, eso está bien si lo va a leer el contador, si lo va leer el ente de gobierno encargado de la recaudación de impuesto, pero es un error si el que lo va a leer es el **'comensal'**.

Te daré algunas estrategias de neuromarketing para aplicarlas en el menú de tu restaurante:

Anclaje mental, poner un precio alto dentro de una familia de platos, para que el resto parezca más bajo. No sólo se trata de tener el café chico y café grande, es darle valor al producto que ofreces, soy partidario de nunca 'bajarle' el precio en las promociones, es mejor 'sumarle' valor a la compra.

Descripción de Productos, los platos con descripción, aumentan en un 27% su pedido. No basta con colocar nombres raros, debes generarle al comensal recuerdos y/o nuevas sensaciones.

No alinear los precios, ya que causa el efecto 'escanear' y se tiende a elegir lo más barato. Desordena los precios y no los pongas de menor a mayor.

Resaltar los productos que son más rentables, en recuadros, con fotos, etc.

No olvidemos que la vista siempre se va a lo diferente y que rompe con la estética de la carta

En cuanto a nombres de platos te coloco algunos ejemplos para postres:

Bizcocho de yogur con regia mousse de limón.

La palabra "mousse" le brindará un aspecto más sofisticado a esos postres formados por cremas de frutas.

Pastel de frutas del paraíso y miel de azahar.

El utilizar flores y frutas, transmiten delicadeza, dulzura y suavidad.

Tarta de arroz, con coco rallado y semillas de sésamo.

El involucrar alimentos nutritivos es ideal para los clientes que buscan probar algo sano y dulce al mismo tiempo.

Bizcocho crujiente de chocolate con bomba de vainilla.

La palabra "crujiente" crea una relación con postres conformados por ingredientes como galletas y chocolate, haciéndolo sonar sumamente atractivo y sabroso.

Condesa de coco y dulce de leche.

Los sustantivos con aire noble como "condesa", "reina" o "marquesa" le otorgan un estilo único y exclusivo.

Mousse au chocolat.

El darle el nombre en idioma inglés o francés le brinda un toque sofisticado.

Bola de vainilla bañada en caramelo tibio y tarta de chocolate caliente.

El utilizar adjetivos cálidos como "tibio" o "caliente" invita a las personas a consumirlos aún durante las épocas de frío.

Tarta de los enamorados.

Los postres sencillos pueden convertirse en algo especial cuando se relacionan con festividades como el día de San Valentín o Navidad.

Mousse de manzana con visión de rayos X.

El utilizar nombres relacionados a súper héroes o temas infantiles le dan un toque único y divertido.

Los muffins de chocolate de Doña Julieta

Se puede hacer uso del nombre del repostero(a) para humanizar el plato y hacerlo algo más personal. Brindará un sentir más acogedor y una sensación de algo "hecho con amor."

El nombre que un producto tiene, puede cambiar y mucho la forma en la que nuestro cerebro lo procesa y percibe.

De forma consciente no estamos al tanto de ello, pero nuestro inconsciente crea sus propias categorías.

Los famosos **"veggie chips"** no son más que chips elaborados a base de papa, generalmente fritos. Pero si le pones la palabra "veggie", que hace referencia a vegetales, **suena más saludable para el comensal.**

No será lo mismo un 'pastelito de zanahoria', que un muffin. Un milkshake suena poco saludable, pero un smoothie está bien, aunque lleven los mismos ingredientes. Una pasta fría con vegetales suena menos cargada de carbohidratos si la llamas ensalada.

Juega con los nombres y descripciones de los platos, pero ojo, no inventes tanto ya que puede salirte mal la jugada, recuerda que el comensal está más informado actualmente.

En cuanto a promociones, descuentos y atraer clientes tengo la palabra perfecta a usar, **'GRATIS'**, es la palabra más poderosa a la hora de vender.

No es igual promocionar un combo de la siguiente forma:

"Combo de hamburguesa, papas fritas, bebida y postre por $5".

Que usando la palabra 'gratis'

"Combo de hamburguesa, papas fritas y bebida, y recibes gratis el postre de tu preferencia por tan sólo $4.99".

Cuidado, no debes abusar de la palabra gratis y las promociones no deben durar para siempre.

Si te das cuenta no he hablado de cómo hacer marketing con promociones o redes sociales y es que esas son estrategias de venta, que usan herramientas de mercadeo para ejecutarlas, las ideas y consejos que te he dado están orientadas a la experiencia que tendrá el comensal con tu producto o servicio.

Ahora queda en ti enfocar las estrategias que te mencioné anteriormente en tu emprendimiento y recuerda 'El menú es la publicidad que el 100% de tus clientes verá'.

Escanea el código QR o visita el enlace que contiene una lista de videos demostrativos bastante interesantes.
t.ly/JRaO

TENDENCIAS EN LA GASTRONOMÍA

El emprendedor del presente requiere un enfoque visionario, porque el mercado cambia a pasos agigantados y la competencia aumenta cada día más, hay estudios que indican que en el rubro gastronómico en apenas tres meses tendrás una competencia directa al modelo de negocios que hoy estás implementando, pero hoy vengo a decirte que el problema no es tener competencia, el problema es *NO* centrarse en el cliente, en su comportamiento, en sus gustos y termina siendo la mayor amenaza para cualquier negocio.

Una compañía debería preguntarse por qué propuesta de valor los clientes están dispuestos a pagar, para competir en este mercado prácticamente saturado hay que entender cuál es la ruta a seguir y mirando hacia atrás no lo vas a conseguir, los miles de seguidores de las dietas veganas, cetogénicas y sin gluten están impulsando la innovación masiva de las cartas en todo el mundo creando categorías de productos completamente nuevas, pero **¿Cómo reconocer una tendencia?**

Primero debo hablar de moda y tendencia, podemos definir a la moda como una aceptación generalizada de un estilo en un campo

45

determinado, la moda atraviesa cuatro etapas que son; *Distinción, Imitación, Difusión masiva y Declinación.*

En cuanto a la *Tendencia* podemos definirla como la antesala de la moda. Hablamos de tendencia cuando una novedad comienza a ser adoptada por una masa aceptable de consumidores capaz de generar en el grupo la sensación de que debe ser adoptada.

Es difícil predecir el tiempo que tendrá cada etapa de las modas y normalmente se vuelve un ciclo vicioso, hoy en día tomar café con dibujos en la espuma de la leche (latte Art) es ya un hecho, no hay cafetería que se resista a no presentar un café decorado, si analizamos esa moda ya ha cumplido tres de las cuatro etapas, ya tuvo su distinción que sólo se hacía en cafeterías de especialidad, la empezaron a imitar otras cafeterías, se esparció por el mundo, le queda sólo la etapa de 'declinación', pero ojo, no estoy diciendo que desaparecerá, lo que digo es que se 'transformará', quizás el barista empezará a 'tintar' la leche y usará leche de color negro para servir un café gótico, quizás, no lo sé.

*La leche de color negro se logra colocando carbón activo, que viene de la planta del coco, según investigaciones se utiliza en filtros de agua y no es dañino para la salud.

Algunas de las tendencias que puedo observar:
Pan, pasta, galletas o dulces sin gluten.

Preparaciones veganas como hamburguesas, pizzas, donas etc.

Bar temático, sólo cocteles de tequila, de ron, resaltando un producto, una región en particular.

Salsas artesanales, que no contengan aditivos y conservantes, las grandes empresas empezarán a ofrecer sus salsas pensando en la salud del consumidor.

Se reforzará el formato delivery y el pick-up, el consumidor tienda a estar más en casa gracias a plataformas como NETFLIX, el consumidor busca comodidad sin dejar de alimentarse.

Varios países están aceptando el formato de restaurantes de 'cocinas ciegas' o DARK KITCHEN, dónde en sí es una cocina/centro de producción y sólo vende por delivery, sólo por canales digitales como apps, páginas web y whatsapp.

La contra parte de fast food no es ir a sentarte a un restaurante, es tener un 'chef en casa', el sector del catering crecerá.

Se reforzará la relación con el cliente con programas de fidelización, habrá recompensas por el consumo, atraer al cliente a que vuelva, que sea recurrente.

Nuevas modalidades de pago con criptomonedas, pagos desde el móvil.

Si te das cuenta hablé de 'cocinas ciegas' y es que este libro lo he estado escribiendo desde 2017, primero en formato de cursos y talleres hasta el 2019 que publiqué la 1era edición, si estás leyendo esto es porque he publicado una 2da edición en el año 2023, ya pasamos lo peor de la pandemia que vivió el mundo entero entre 2020 y 2022, la situación que vivimos reforzó la tendencia que había visionado, ya le dimos nombre en español y pasó a llamarse **'Cocinas Ocultas'**.

Ya hay marcas que están 100% digitales, que sólo ofrecen despacho y/o recogida de la compra con tiendas automatizadas con 'cero' humanos y robots que cobran y entregan el pedido.

No estoy diciendo que los restaurantes como los conocemos van a morir, pero si debemos aceptar, que tendremos marcas hibridas, donde esto va aunado a la clave de 'escalabilidad'.

Imaginemos que quieres escalar tu modelo de negocio, el armar una 'cocina oculta' en el municipio (comuna) aledaña a la que estás ubicado te permitirá ofrecer tus platillos a precio competitivo ya que el costo del envío será menor que si el despacho sale de la cocina o local principal.

Si bien no hay una fórmula para encontrar las tendencias mi consejo es que investigues mucho, leas blogs, noticias de las grandes cadenas de comida y fíjate en lo que hacen, prueba en corto y barato, no tienes que cambiar el menú, la idea es adaptarlo a las tendencias.

Nunca seas escéptico, simplemente sé precavido, estudia e investiga lo nuevo antes de rechazarlo, dale una oportunidad para entender si puede estar en un futuro cercano tu próximo negocio.

RESUMEN

Hasta ahora en el **LADO A** hemos visto **¿A Quién?** y **¿Qué?** le vendo en un solo lugar, pero ¿cómo definir ese quién y ese qué?, dependiendo del nivel de inversión con que cuentes a la hora de emprender.

Para terminar el **LADO A** de las claves para emprender en el mundo gastronómico me gustaría exponerte ejemplos y así lograr que te sientas indentificad@ como emprendedor.

Marca Personal

Este nivel representa a los emprendedores que tienen un presupuesto económico 'débil', con el cual no pueden alcanzar al cliente final con canales tradicionales como un local, es por ello que me enfoco en la fortaleza de alguna habilidad adquirida para empezar como una 'MARCA PERSONAL'.

Imaginemos que María es una joven de 30 años, y tiene una pasión por los dulces, se formó como pastelera profesional y ha decidido iniciar su propio negocio, podemos definir las claves de la siguiente manera:

Clientes, luego de un estudio de mercado se estableció que hay una necesidad latente por dulces en formato 'donas', ya que en la ciudad donde se encuentra hay poca oferta o está tomada por un par de franquicias internacionales.

Oferta, con los conocimientos adquiridos por María se da cuenta que tiene la habilidad para hacer donas y para diferenciarse tendrá como valor agregado donas libres de gluten y horneadas.

En cuanto a la relación con el cliente, utiliza herramientas de mercadeo como una página web, perfiles en redes sociales, menú o catálogo en digital con carrito de compra, whatsapp business como canal de contacto y venta directa.

Es común que el nombre que llevan estos emprendimientos es del nombre del chef como el apellido.

En cuanto a la escalabilidad podemos definir etapas, donde al principio la producción la hace desde su casa y vende a clientes en su mayoría conocidos, amigos de los amigos, para una 2da etapa ir creciendo con un centro de producción, venta desde app's / agregadores de delivery, a medida que se da a conocer la marca irá escalando, podría tener su foodtruck para eventos y servicio de catering privado, como también venderle a espacios como cafeterías que normalmente compran la materia prima ya lista para re-vender.

A la hora de leer el mercado puedo hablar de las tendencias a los dulces 'mini', fácilmente María puede agregar a su catálogo un formato de minis donas y minis dulces para ir probando el mercado.

Nivel Intermedio

En un nivel económico con un capital más alto que el nivel anterior podemos imaginar que se abre la posibilidad de emprender con un local comercial y uno de los más versátiles conceptos es de 'CAFETERÍA'.

Clientes, luego de un estudio de mercado, se abrió la oportunidad de arrendar un local en una torre de oficinas, el público objetivo tendría edades entre 25 a 45 años, segmentación amplia al trabajar de 8am a 6pm puedo servir desayunos, almuerzos, after office.

Quizás te estás preguntando ¿'oficinas' luego de la pandemia?, es valida tu pregunta, pero la tendencia es que estaremos con un modelo hibrido, los horarios de oficina no serán los mismos que antes pero de que habrá clientes potenciales en las oficinas lo habrá.

Nuestro concepto, sería ofrecer un espacio para el deleite de aperitivos gourmet, café de gran calidad, al tener servicio 'delivery' a las oficinas entregamos valor agregado.

Principalmente se tendría un local de 60 metros2 espacio para 40 pax, si vemos una demanda aceptable se puede agregar un local modular de 4 metros2 para un formato (take and go), un tiempo despues pensando en 'escalabildad' podrías tener un food Truck para eventos, lanzar la propia marca de café molido y en granos para venta al detal y en supermercados, y como uno de los pasos más importantes sería franquiciar la marca para expandirse.

La relación con el cliente se lograría expresando un estilo con mobiliario moderno, web para pedidos en línea, personalización de tazas (el cliente es recurrente), programa de tarjeta de 'cliente frecuente', redes sociales para crear comunidad.

Con la idea de leer las tendencias del mercado potencial, sería usar café de grano seleccionado (gourmet),dónde se pueda resaltar el origen de ese café, hoy en día el cliente busca sabores que traspasen fronteras, smoothies de frutas, de café, de chocolate, preparaciones saludables, decoraciones latte art, venta de materia prima para hacer las recetas en casa.

Lado

B

"He sido un buen cocinero toda mi vida, pero aún estoy aprendiendo cómo ser un buen chef."

José Andrés

INVERSIONES CLAVES

La importancia de la inversión es que primero que nada es no verla como 'un gasto', si bien la materia prima para preparar cierto plato se vuelve 'inversión' sólo cuando empiezas a tener un proceso en el cual se modificará para ser vendida hay que entender que no toda inversión tiene una relación con la venta directa, hay inversiones intangibles.

Debes crear activos y empoderar a tu negocio.

Algunos conceptos que debes manejar:

¿Registro de marca?

El registro de marca es algo que dejamos a la deriva, nos enfocamos en abrir nuestro restaurante, de cumplir las leyes y estatus que dicte la alcaldía, municipio o comuna donde vamos a operar pero no entendemos que hay una gran diferencia entre nombre comercial y nombre jurídico, en varios países le llaman 'nombre de fantasía', en cualquier país que te encuentres hay un ente de gobierno que maneja la 'propiedad intelectual', **¿y para qué se usa?**, al registrar tu marca, tu logo y eslogan estás blindando para que no usen esa marca sin tu consentimiento y te sirve a la hora de franquiciar tener el control y podrás cobrar regalías.

El registro de propiedad intelectual es por país, las grandes marcas han logrado posicionarse a gran medida por esto, han empoderado su marca y ya no importa que vendan, ya está grabado en la mente del consumidor.

¿Patente comercial?

Normalmente son los trámites que son obligatorios para operar como restaurante y/o venta de alimentos de consumo masivo.

¿Manual Operativo? (Know How)

Un manual operativo es una herramienta de apoyo para el funcionamiento del negocio y un instrumento de medición que permite asegurar la calidad en los procesos y las técnicas para su buena ejecución, su principal función es estandarizar todos los procesos a los que debe recurrir tu modelo de negocios para ofrecer esa 'oferta gastronómica', tanto procesos operativos como procesos de resolución de emergencias y problemas que se presenten.

¿Se pueden 'patentar' las recetas?

La respuesta más rápida y concreta sería 'NO', la verdad es que hoy en día es difícil patentar una receta ya que al menos debe cumplir ciertas características, como, involucrar una técnica de preparación o una combinación de ingredientes que conduzca a resultados únicos y no obvios.

Solo agregar un ingrediente único a una receta no es lo suficiente para convertirla en patentable.

Por ejemplo, un cocinero puede decidir agregar canela a una receta de carne picada y sazonada.

A pesar de que los resultados pueden ser sorprendentemente deliciosos, la mayoría de los cocineros pueden 'predecir' el cambio de sabor que se conseguiría con el aporte de la canela, es por ello que las marcas, sobre todo las de franquicia de comida rápida registran los nombres de sus platos y sus productos, y así tener autoridad de uso y crear activos.

Lo más probable es que las compañías de alimentos creen recetas que sean patentables porque pueden utilizar procesos experimentales e ingredientes que conduzcan a resultados no obvios.

Por ejemplo, una receta patentable puede ser la que utiliza una nueva técnica de preparación para brindar una sorprendente y larga vida útil al café, a la leche o algún alimento o preparación.

Otra inversión clave sería en la formación del talento humano orientado al 'servicio', hay que enseñarles a vender, los meseros son y serán la carta de presentación del equipo completo, son los que tienen en gran porcentaje contacto con el cliente final, es por ello la importancia de su formación, si bien no son cocineros profesionales deben tener una noción amplia de cómo se preparan los platos del restaurante, que ingredientes lleva, lo primero es darle de probar de cada platillo que hay en el menú, usa como herramienta la 'venta sugestiva' como por ejemplo:

La palabra mágica COMPARTIR, si colocas un apartado en el menú con la frase 'platos para compartir' ocurrirá algo tan mágico como que el comensal no se sentirá culpable por salir de la dieta, está dividiendo la responsabilidad de tomar decisiones y mentalmente considerará que no se incrementa en exceso la cuenta, pruébalo y verás resultados a muy corto plazo.

No le ofrezcas la bebida de primero, y mucho menos uses la frase ¿Qué quiere de beber?, la técnica es ofrecer un listado de bebidas que combinen con los platos que ha pedido, el darle preguntas cerradas donde sólo puede seleccionar el producto a consumir garantiza la venta.

Si el cliente pide sugerencias en tamaño como por ejemplo de la pizza, es mejor ganarse la confianza, no tengas miedo a ofrecerle un plato de precio bajo, estoy seguro que podrás agregarle valor a su visita y se sentirá bien atendido.

Es fundamental tener la maquinaria necesaria para la producción de un plato o producto, es obvio que si tienes una cafetería deberías invertir en una máquina de café espresso, pero hay procesos que olvidamos y dejamos a mano del personal de trabajo, chequea los procesos en la cocina e investiga, de seguro encontrarás maquinaria que te ayuda a estandarizar, a mejorar tiempos de preparación y sobre todo ayudas a tus cocineros, maquinas empaquetadoras de bolsas al vacio, refrigeradores, termocirculadores, abatidores de temperatura y más.

Invierte, empodera tu negocio.

ESTANDARIZACIÓN DE PROCESOS

Se trata de controlar aspectos fundamentales para poder ofrecer la propuesta gastronómica, el inventario, gastos, calidad de producto y muchas más.

El organigrama de un restaurante es la representación gráfica de la estructura que comprende cada uno de los empleados que se encuentran laborando dentro de la organización, junto a sus dueños y gerentes, resaltando las relaciones jerárquicas y las competencias que le dan vida al mismo.

Con este sistema puede mejorar la comunicación y proporcionar la forma correcta de hacer seguimiento a las actividades que deben ejecutar los empleados. El gerente general y el contable, tienen la obligación de mantener informado al dueño de todo lo que hagan y estar pendiente de todos los departamentos.

El gerente debe velar por el rendimiento global del restaurante, ya que, tiene la responsabilidad de dirigir el servicio a los clientes, llevar la planificación financiera, manejar a los servidores, anfitriones, bartenders y a los que se encargan de la barra para que todo pueda funcionar correctamente.

En muchos casos el emprendedor en sus inicios hace de todos los puestos de trabajo anteriormente descritos, si es tu caso igualmente debes recrear el gráfico para luego ir escalando.

Dueño e Inversionistas
   Gerente
      Subgerente
      Gerente de bebidas
      Gerente de compras
      Chef ejecutivo
         Chef de cocina
            Cocineros de línea
     Gerente de sala
        Sommelier
        Jefe de meseros
           Meseros

Este pequeño grafico es una introducción al organigrama en un restaurante, adáptalo a tu modelo de negocios.

En cuanto a una estructura jurídica, la estructura legal representa la forma en que la empresa está organizada como sociedad privada que manejará dinero y retendrá impuestos, te colocaré una pequeña lista de pasos que globalmente debe hacer un emprendedor a la hora de montar su negocio gastronómico:

¿Lugar, será en centro comercial o local en av o calle comercial?

Aquí debes preguntarte si el local ha sido anteriormente usado para expendio de alimentos y si es así que alcance legal tiene, me ha pasado que adquieren un 'llave en mano' de una panadería y resulta que la patente de comercio era para vender pan pero no para 'hornear' pan, es decir, tenía habilitado poder vender pan ya hecho, la estructura del local no tenía permiso para tener una cocina con hornos y demás implementos, al final se tuvieron que hacer modificaciones, invertir en obras para que habilitaran los permisos, se tradujo en tiempo y sabemos que el 'tiempo es dinero'.

Registro jurídico de la empresa, obtener el RIF / RUT para cumplir con las obligaciones contables y fiscales.

Tramites de la alcaldía / municipalidades / comunas, como permisos sanitarios, permisos bomberos, permisos de obras (para hacer modificaciones debes tener un permiso), licencia de terrazas, y muchas más.

Dependiendo del metraje del local hay obligaciones que cumplir como la cantidad de baños que debe tener el local, la cantidad de parking mínimo que debe ofrecer y tener parking para personas con discapacidad, son muchos detalles que influyen en la operatividad del negocio.

Una manera de ir a la segura es con los centros comerciales y/o parques de foodtruck, ellos proporcionan la infraestructura que ya tiene habilitados los permisos para operar y es un puente entre la alcaldía/ municipalidad / comuna para que tú puedes obtener los permisos necesarios.

TIPOS DE RESTAURANTES

Fast Food → se reconoce por no tener servicio en mesa o normalmente se paga al momento de hacer el pedido, el tipo de comida va con preparaciones muy comunes y globalizadas.

Fast Casual → sin servicio en mesa, tiende a ser más saludable que el fast food, son preparaciones más cuidadas y de una excelente presentación.

Buffet → Surgió en los años 70´s, grandes cantidades de comida, tradicionalmente se sirve el cliente y se paga por peso.

Temáticos → Usan la cultura, la historia y la moda como venta, el cliente obtiene una experiencia casi única.

Take away → Sólo para llevar, normalmente no tienen mesas, últimamente hay un aumento de este tipo de servicios por los altos costos de alquiler y arriendo.

De autor → La figura principal es el Chef, se convierte en 'marca personal'.

Fusión → Movimiento que nace en USA en los años 70's , comida TEXMEX, CAJÚN, NIKKEI CHIFA (china + peruana) entre otros.

Alta cocina → De lujo, mantel, servilletas de tela y menú de varios tiempos, tiene internamente categorías en cuanto a cantidad y calidad de servicios que ofrece.

Debo agregar una categoría nueva, los restaurantes híbridos (digitales y con mesas)

¿CUÁL ES EL PRECIO DE VENTA DE MI PRODUCTO O SERVICIO?

La interrogante que más se repite en el sector y pasan los años y seguimos cometiendo errores al colocarle el precio de venta.

El ciudadano común tiene en mente una formula donde tengo el costo de mi materia prima y le sumo el porcentaje que quiero ganar y me da como resultado el precio de venta, pero, me temo que todo eso está errado o más bien 'mal calculado', podrías hacerlo así pero matemáticamente no estás 'ganando' el porcentaje que crees estar ganando.

Costo ingredientes + % de lo que quiero ganar = precio de venta

1000$ + 30% = 1300$

Te mostraré a continuación una fórmula matemática que se utiliza para calcular el precio de venta, tomamos como ejemplo preparar 'hot dog´s' para la venta, mi materia prima tiene un costo de $1000 pesos, entre el pan, la salchicha y quiero ganarme el 30% como resultado de la venta.

Veamos cómo se calcula:

COMO
CALCULAR
EL PRECIO $=$ $\dfrac{\text{Costo de Venta}}{\text{1 - \% utilidad}}$
DE VENTA

1000\$ / (1- 30%)= PV

1000 / (0,70) = 1428,57

El precio de venta debe ser de \$1428,57 pesos para obtener una utilidad del 30%.

¿Cierto que hay una gran diferencia en vender a \$1300 pesos que a vender a \$1428,57 pesos?

Si bien es un ejemplo muy sencillo, te puedo decir como emprendedor que he sido, que es el primer error que cometemos, el no saber a ciencia cierta si estamos cobrando adecuadamente por nuestro producto o servicio.

Te colocaré a continuación un ejemplo un poco más completo, pero primero definiré ciertos conceptos como ..

¿Qué es una estructura de costos?

La estructura de costes se refiere a la proporción que cada factor o servicio productivo representa del coste total o de cada unidad. Desde el punto de vista de la teoría de la producción se estudia la participación de los costes fijos y variables en los costes totales.

¿Qué es el costo base?

La base de costo es el precio pagado por un activo. También se lo llama costo fiscal, ya que es una cantidad que tiene que estar en el registro para efectos fiscales para cuando el activo se venda.

¿Qué es la carga fabril?

La Carga fabril, Costos generales de Producción, Costos Indirectos de Fabricación o Gastos de Fábrica: Son todos los desembolsos que no pueden identificarse directamente con el bien producido, por tanto, no pueden asociarse a la materia prima directa ni a la mano de obra directa. Es difícil determinar la cantidad de gas o electricidad que gastas al preparar un platillo en específico, es por ello que se usa un porcentaje como factor multiplicador.

¿Qué es la amortización?

La amortización es un término económico y contable, referido al proceso de distribución de gasto en el tiempo de un valor duradero. Adicionalmente se utiliza como sinónimo de depreciación, si tienes una deuda con el banco (préstamo), la maquinaria que usas cada día pierde valor en el mercado, también se utiliza un % como factor multiplicador.

¿Qué es el precio de venta?

El precio de venta es simplemente determinar el costo que tu producto o servicio tendrá en el mercado para el consumidor. ... otra forma es la fijación de precios basada en la competencia, pero yo sólo uso este dato para comparar si puedo o no ofrecer el mismo servicio o producto a un mejor precio.

FINGERS DE POLLO 50 PORC. 200grs porción

INGREDIENTE	UNID	NETA	PRECIO COMPRA	COSTO ITEM
Pechuga	kg	10.00	40,000.000	400,000.000
Pan rallado	kg	1.50	25,000.000	37,500.000
Harina de maiz	Kg	1.00	10,400.000	10,400.000
Salsa BBQ	Ltrs	2.50	25,000.000	62,500.000
Huevos	U.	30.00	1,000.000	30,000.000
Aceite	Ltrs	3.00	69,000.000	207,000.000
			Costo de la receta	747,400.000
			Costo de la porción	14,948.000

Costo base	
	14,948.000
Carga fabril 40%	
	20,927.200
30%	
	29,896.000
Amortización 10%	
	32,885.600
Precio de venta	
	35,000.000
IVA 12%	
	39,200.00

En nuestro ejemplo tenemos una receta de fingers de pollo, 50 porciones de 200 gramos cada porción, para ello tenemos como materia prima ciertos elementos que son:

Pollo en pechuga → 10 Kgs
Pan rallado → 1,5 Kgs
Harina → 1 Kg
Salsa BBQ → 2,5 Ltrs
Huevos → 30 unid (aprox 1750 grs).
Aceite → 3 Ltrs

Precio de compra:
Pollo en pechuga → 40 mil
Pan rallado → 25 mil.
Harina → 10mil 400.
Salsa BBQ → 25 mil.
Huevos → 1mil.
Aceite → 69mil.

Costo a pagar:
Pollo en pechuga → 400mil
Pan rallado → 37mil 500.
Harina → 10mil 400.
Salsa BBQ → 62mil 500.
Huevos → 30mil.
Aceite → 207mil.

Sumando el costo a pagar por todos los ingredientes de la receta nos da un total de $747mil 400, si me rinde para 50 porciones, al dividir nos da un total de $14mil 948 como precio base de la porción.

Tenemos:

Costo base
14,948.000
Carga fabril 40%
20,927.200
Rentabilidad 30%
29,896.000
Amortización 10%
32,885.600
Precio de venta
35,000.000
IVA 12%
39,200.00

Partiendo del costo base, se le suma una carga fabril de 40%, 14,948 + 40% = 20,927.200 sería el nuevo costo base, recuerda que la carga fabril es para sumarle costo de fabricación del plato, puedes usar el % que consideres, pero normalmente en el sector gastronómico estaría en un 40%, si bien puedes cambiarlo en cada estructura dependiendo del platillo, preparar hot dogs no conlleva la misma carga fabril que preparar 'Lenguado menier' por darte un ejemplo.

Para el siguiente paso en la estructura de costos utilizamos la fórmula matemática de 'precio de venta', si queremos una rentabilidad del 30% entonces a \$20,927.200 lo dividimos entre 0,70 y nos entrega un resultado de \$29,896.00

Si sumamos una amortización a las deudas o depreciación de alguna maquinaria podemos usar el 10% como factor y al resultado anterior le sumamos, nos entrega un resultado de \$32,885.600, quedaría una banda de 'precio de venta' entre los 32mil 900 hasta 35mil, es decir, no debes vender por debajo ya que estarías incurriendo en errores en tu estructura de costos.

NOTA: el IVA, es un impuesto que tu retienes y debes devolver al ESTADO, es por ello que se agrega al final y no lo debes contemplar como ingreso en tu estructura de costos.

Para tener una estructura de costos adecuada debes invertir tiempo y dinero en realizar 'escandallos' donde estarías estandarizando las recetas de tus platillos.

ALIANZAS PARA CRECER

En los negocios no se crece en soledad, algunas veces son alianzas por necesidad y otras por adquisición de recursos, ¿Qué y con quién debemos aliarnos?

Muchos emprendedores se preguntan cómo pueden generar más recursos sin tener que destinar más tiempo, dinero y esfuerzo a esta tarea.

Lo importante es que sea una relación que aporte valor a la propuesta, algunas motivaciones para crear alianzas…

Optimización de procesos: El ejemplo más idóneo sería el proceso del 'delivery' donde el restaurante se ocupa de tener el mejor producto y la empresa de despacho se ocupa de 'cerrar' el proceso de venta.

Reducción de riesgos e incertidumbres: Hacer alianzas con proveedores, 'asegurar' que tal ingrediente, que tal materia prima estará disponible todo el tiempo, las grandes franquicias unen esfuerzos con fabricantes de bebidas, con productoras de alguna materia prima en particular, etc.

Adquisición de recursos: para expandirte puedes estrechar lazos con locaciones, los clubes necesitan quien maneje los comedores, los centros comerciales quieren tener buenos restaurantes en sus patios de comida.

La constante presencia de competencia y factores externos que pueden afectar a los negocios, pueden llegar a generar incertidumbre sobre cómo actuar a beneficio del mismo y muchas de los emprendedores a cargo, olvidan que pueden beneficiarse con alianzas estratégicas.

Las alianzas estratégicas son un proceso que permite llevar a la empresa al siguiente nivel a través de relaciones clave.

¿Cuáles son las ventajas de estas alianzas?
Incremento de recursos.
Potencialización de la estructura del negocio.
Maximización de la oferta.
Entrada a nuevos mercados.
Rentabilización de activos.
Disminución de riesgos financieros.
Creación de más ventajas competitivas.

Viendo los diferentes tipos de ventajas que podrías generar a partir de una alianza estratégica, te compartiré el proceso que yo he seguido a lo largo de los años para poder aliarme con otras empresas y personas dentro de mi industria.

Identifica cuáles son las necesidades de tu negocio y en dónde se requiere apoyo para el crecimiento del mismo.

Debes hacer un análisis de todas las partes de tu empresa, puedes elaborar un FODA si te resulta más sencillo.

FORTALEZAS, OPORTUNIDADES, DEBILIDADES Y AMENZAS.

Filtra prioridades basado en tu modelo de negocios y es el momento de generar una relación ganar-ganar, habla con proveedores, con pymes, con emprendedores y plantea alianzas, comenta los beneficios que ambos tendrían si unen esfuerzos.

COSTOS OPERATIVOS

Crear y entregar valor, mantener relaciones con los clientes y generar ingresos llevan un costo asociado, la clave es entender de la A hasta la Z los tipos de gastos y costos para así minimizar el riesgo al fracaso.

Algunos conceptos que debemos entender…

Costos fijos: Los costos fijos o costes fijos son aquellos costos que no son sensibles a pequeños cambios en los niveles de actividad de una empresa, sino que permanecen invariables ante esos cambios, algunos a considerar serían la nómina, el alquiler, hipoteca, etc.

Costos variables: Un costo variable o gasto variable es aquel que se modifica de acuerdo a variaciones del volumen de producción, se trata tanto de bienes como de servicios.

Es decir, si el nivel de actividad decrece, estos costos decrecen, mientras que, si el nivel de actividad aumenta, también lo hace esta clase de costos, el más obvio sería 'la materia prima'.

Quiero aclarar que en muchos casos la nómina y el alquiler se vuelve un costo variable, debido a la dinámica que hay en el sector gastronómico.

Ticket promedio: Es el valor promedio de transacción expresada en la cantidad promedio de dinero que un consumidor gasta dentro de una sola transacción.

¿Cómo obtener el ticket promedio de un restaurante?

Se calcula a partir de la división del valor de ingreso mensual del restaurante y el total de personas o tickets que se han generado en el periodo.

Por ejemplo:

Ingreso de Agosto $ 100,000 / 2250 tickets = $44 de ticket promedio por persona o consumo en el restaurante.

En sí, cada persona que consuma o venta que se haga en tu local debería al menos representar $44.

¿Para qué sirve el ticket promedio?

Todo proceso medible es una herramienta para el emprendedor, en el caso del ticket promedio puedes usarlo como análisis del comportamiento de tus clientes, a la hora de hacer alguna promoción puedes basarla en que no puede ser menor al consumo promedio que ya tienen tus clientes, saber cuáles días son buenos para lanzar promociones, etc.

Algunos datos a tomar en cuenta…

En negocios de alimentos y bebidas hay una banda de rentabilidad del 8% al 30%, menos del ocho (8) por ciento te aconsejo que hagas análisis situacional y determinar si cambiar de rubro, replantearte el concepto gastronómico y/o cambiar de locación.

Basados en los ingresos provenientes de las ventas, los costos en materia prima no deben representar más del 30%, gastos en salarios no deben representar más del 30% y gastos fijos (alquiler, servicios) no deben representar más del 20%.

Cabe destacar que con cada estudio y evolución de mercado he llegado a la conclusión de que el alquiler del local debería representar una banda del 10% a 12%, (muchas veces puede llegar hasta el 15%) esto te permite también realizar proyecciones basadas en el costo del alquiler que tendrás en tu restaurante.

Si bien estos porcentajes no siempre son aplicables de igual forma te ayudan a encender las alarmas y minimizar el riesgo de cierre por falta de capital.

Tipo de restaurante	% Costos materia prima	% gastos personal	% gastos generales	Utilidad
Lujo / especializado	27%	25%	33%	15%
Medio / cafetería	35%	15%	23%	27%
Popular	45%	8%	22%	25%

En calidad de ampliar este tema que es de los más importante te invito a visitar el siguiente enlace y/o escanear el código QR, te llevará a una vídeo clase.

t.ly/Uwp9

RECOMENDACIONES

Tener compromiso con la idea no quiere decir que la idea NO pueda cambiar con el tiempo. (Mente abierta)

Lo más difícil es buscar un socio, no eres el primero ni el último en tener problemas con socios.

Cumple con los compromisos antes que cumplir contigo, proveedores, nómina... van primero.

Al momento de expandirte primero tienes que estar seguro de tener control del proceso (centro de producción)

Lo primero es la "actitud emprendedora", hacer un análisis personal, en el mundo gastronómico se trabaja mientras otros se divierten.
¿Eres de los que trabajan o se divierten?,
Piénsalo bien.

Debes definir el concepto de restauración enfocado en el cliente, no en tus gustos.

Debes de ser integral, tienes que conocer de la A a la Z el negocio y saber delegar es la clave para triunfar.

81

Para finalizar quiero darte las gracias por adquirir este libro y me gustaría conocer tu historia y la de tu emprendimiento...

Para ello te invito a completar el siguiente formulario, donde te hago ciertas preguntas pertinentes para un pre - diagnóstico y ofrecerte una consultoría privada.

Visita el siguiente enlace, t.ly/_kO5

Si deseas participar en un webinar gratuito que compartimos hace unos años escanea el siguiente QR o visita el enlace, **ver video**

Made in the USA
Columbia, SC
15 February 2023

12202400R00046